KB074154

◉춤과 그 사람◉

姜善泳 - 太平舞

사진 정범태 · 글 구희서

열화당

姜善泳-太平舞

◉ 춤과 그 사람 ◉

姜善泳 - 太平舞

사진 정범태 · 글 구희서

열화당

●춤과 그 사람●

姜善泳 - 太平舞

사진 정범태 · 글 구회서

초판 발행 ——— 1992년 9월 10일
발행인 ——— 이기웅
발행처 ——— 열화당 ⓒ 1992
　　　　　　　서울 강남구 신사동 506 강남출판문화센터
　　　　　　　전화 515-3141~3, 팩시밀리 515-3144
등록번호 ——— 제 10-74호
등록일자 ——— 1971년 7월 2일

편집 ——— 기영내 · 공미경 · 김윤희 · 권정관
북디자인 ——— 박노경 · 이옥경
제작 ——— 오기환
인쇄 ——— 홍진프로세스
제책 ——— 일광제책

값 ——— 6,000원

Published by Youl Hwa Dang Publisher
Photographs Copyright ⓒ 1992 by Chung, Bum Tai
Printed in Korea

'춤과 그 사람'을 펴내면서

강선영姜善泳 선생에게 열화당에서 춤 책을 발행하게 되었으니 선생의 연보를 자세히 써달라고 했더니, "정 선생, 정말 만들어냈구만. 수고했소"하며 인사말부터 한다.

강선영 선생의 춤을 꽤 오랜 세월 지켜보면서 나는 많은 공부를 했다. 창작무용에서부터 전통무용에 이르기까지 여러가지의 춤을 다스리는 강 선생은 태평무로 예능보유자가 되었고, 서울과 지방 무대에 여러 번 섰으며, 특히 외국 무대를 가장 많이 이용한 무용가이기도 하다. 또한 한성준 선생이 안무한 춤을 많이 춘 무용가이기도 하며, 가장 두드러진 활동을 하고 있는 무용가라고 할 수 있다.

그러나 완숙기에 접어든 한 무용가가 외도를 한다는 것은 춤을 좋아하는 여러분들과 춤 사진을 찍는 나로서는 아쉬운 일이 아닐 수 없다. 나는 젊은 시절 강 선생의 춤을 많이 구경했었는데, 안타깝게도 옛날에 찍어 놓은 사진들은 거의 없다. 그래서 앞으로는 강 선생의 무대를 되도록 많이 찍어 볼 작정을 하고 있으나, 나의 사진 작업에 차질이 생길 것 같아 지레 아쉽다.

나는 운이 좋은 사람이다. 내가 필요로 하는 최소한의 무형적 재산이 한반도 곳곳에 산재해 있기 때문이다. 지난 사십여 년의 세월 동안 나는 우리나라의 민속과 전통 그리고 춤꾼들과 국악인들을 만날 수가 있었다. 그들은 오랜 세월

슬픔과 기쁨을 한몸에 진 채 우리 것을 향한 열정과 사랑으로 메마른 이 땅에
한을 풀고 흥을 심고 그리고 또 이를 지키며 갈고 닦아 온 움직이는
보석들이다.

사십여 년 동안 '이 소중함들을 어떻게 간직할 것인가'라는 나 자신에게 던진
이 질문에 대한 답변으로 이제서야 여기 조심스레 보물보따리를 풀어 볼까
한다. 그러나 나는 그들의 춤 그릇과 움직임만을 이곳에 풀어 놓을 뿐 그들의
길고도 깊은 한의 이야기로 묶인 정신세계는 내가 가지고 있는 카메라로는
담아낼 수가 없었음을 고백해야겠다. 그렇지만 현대화에 발맞추어 변질되어
가는 우리 춤들 중에서 원형에 가장 가까운 몸짓들을 이 책에 담았다는
자부심은 있다.

끝으로 나에게 그 분들과의 지난 시간들을 한곳에서 만날 수 있게 도와주신
열화당 이기웅 사장님과 편집부 여러분께 진심으로 감사를 드리며, 나는
나에게 또한 우리에게 부끄럼 없는 책이 되기를 바라면서 오늘의 증언자가
되고자 한다.

1992년 봄
정범태

진쇠장단에 얹은 화려한 디딤새
강선영의 태평무

개화기 이후 이 땅에 새로 정착되기 시작한 서양식 극장문화는 우리 춤의
역사와 전개에도 많은 변화를 가져왔다. 그때까지 궁중, 사찰, 민간의 각종 굿과
놀이판에서 전개되어 오던 제의나 연희, 민속놀이 등과 그 속에 섞여 있던 춤들,
궁중의 악원樂員들이나 무동舞童들에 의해서 교방敎坊 예인藝人, 사당寺黨 재인才人,
무당 화랭이로 불리던 굿판의 재능들 속에 전해 오던 춤들이 극장이라는 새로운
공간을 만나고 공연이나 작품이라는 새로운 개념을 만나 좌절과 단절을 겪으면서
발전하고 변모했다. 이런 시대 이런 상황 속에서 우리 춤의 멋과 흥, 신명이나
그 춤의 기본적인 장단과 춤사위를 다치거나 변하게 하지 않고서 현대의 무대
속으로 수평이동을 시켜서 극장무대를 압도한 재능이 있다. 현대의 우리
무용사에서 전설이 될 만한 인물, 그는 명고수名鼓手 명무名舞로 이름을 날린
한성준韓成俊이다. 그는 경기도 태생이면서 호남 예술의 정수인 판소리의
명고수였고, 경기 무속장단에 달통한 전문 예인이었다. 조선성악연구소에서
전국의 명창들과 교류했고, 그들이 만들어내는 명인명창무대나 창극무대를 통해
극장과 만났다.

그는 그때까지 극장무대와의 만남이 어려웠던 전통전승현장의 춤들을 극장으로
끌어들였고 작품으로 형상화시켰다. 우리 장단, 우리 춤을 있는 그대로의
모습으로 모으고 간추리고 새로 이름을 붙이고 다듬어서 극장무대에 끌어들였다.
그의 춤 세계는 일본에서 현대무용을 배워 우리 춤의 현대와의 만남에서 빛을
냈던 최승희崔承喜, 조택원趙澤元의 춤 세계에 영향을 주었고, 우리 춤의 맥을 잇는

전통전승이나 전통무용을 바탕으로 창작 세계를 열어 온 많은 무용가에게도 뿌리가 되었다.

그의 승무와 학춤이 손녀 한영숙韓英淑에게 이어져 일찌감치 중요 무형문화재로 지정된 것은 이런 춤들이 그의 작품이면서 동시에 전통전승의 정신이 살아 있는 춤들이었기 때문이다.

1988년 겨울, 중요 무형문화재 제92호로 지정된 강선영姜善泳의 태평무 역시 한성준 춤 세계의 소산이다. 태평이란 말은 천하태평처럼 천하를 대상으로 한 말이고, 이것은 곧 이 말이 개인적인 것이라기보다 국가적인 차원의 것임을 의미한다. 근세조선 세종조世宗朝 종묘宗廟의 음악을 향악鄕樂으로 바꾸면서 수양대군이 우리 무예를 바탕으로 만들었다는 종묘일무宗廟佾舞 정대업定大業과 보태평지무保太平之舞로 구성되어 있다. 태평과 춤의 연결은 종묘제례악 속에서 쓰여진 것이다.

한성준은 그 태평이라는 큼직한 의미의 단어를 붙인 춤을 만든 것이다. 그가 선택한 장단은 경기도 도당굿의 진쇠장단이고, 그가 선택한 복식은 임금과 왕비의 것이었으며, 그가 구성한 춤은 너울너울 움직이는 팔사위와 웅장한 의상의 어울림, 흥과 신명이 넘치면서도 조급하지 않게 디딤새가 정확한 발사위였다. 경기도 도당굿에 나오는 부정놀이나 터벌림의 춤사위나 발의 디딤새에서 때를 벗기고 깨끗하게 간추려서 궁정 넓은 마당에 옮겨 놓은 것처럼 그 근원과 뿌리가 보이면서도 새롭고 의젓한 춤을 추게 한 것이다.

태평무라는 이름의 춤은 경기도 도당굿의 재인이고 무속음악의 대가였던 이용우李龍雨가 붉은 철륙天翼에 태사太史신 관모官帽차림으로 춘 적이 있고, 발탈의 인간문화재 이동안李東安이 남색 관복차림으로 추기도 했다. 이용우는 이 춤이 '옛날 원님들이 임금님 앞에서 추던 춤'이라고 증언했고, 이동안은 이 춤이 '화성 재인청에 전해진 춤'이라고 증언하고 있다. 한성준의 태평무는 임금과 왕비가

나라의 태평을 즐기고 기원하는 춤으로 만들어진 것이라고 강선영은 말한다. 진쇠 터벌림 등의 경기 무속장단을 기본으로 한 복잡하고 까다로운 장단이나 춤사위 디딤새로 보아 이 춤이 궁중과 직결된 것은 아니다. 그러나 태평무라는 이름에서 빼앗긴 나라에 사는 춤꾼의 소원이 보이고, 그가 가져온 장단 춤사위의 근본이 경기도 도당굿이었다는 점에서 오랜 기원을 읽을 수가 있다.

태평무의 인간문화재 강선영은 한성준 문하에서 그의 손녀 한영숙과 함께 배우고 춤춰 왔다. 한성준은 이 춤을 혼자 추기도 하고, 두 사람에게 가르쳐 한영숙에게는 왕의 옷, 강선영에게는 왕비의 옷을 입혀 두 사람의 대무對舞로 추게도 했다는 것이다. 복식은 지금 같은 근세조선 궁중의상이 아니고 신라복식 기본이었다. "지금 나라 형편이 할 수 없어서지만 앞으로 너희들은 우리 왕과 왕비 옷으로 출 수 있을 것"이라는 말을 들으며 추었다는 것이다.

해방 후 무용생활을 재개한 두 제자는 각각 자신의 춤으로 태평무를 추어 왔다. 한영숙은 붉은 단 남색 치마에 옥색 당의차림으로, 강선영은 붉은 단 남색 치마에 당의를 입고 겉옷을 걸쳤다가 중간에 벗어 놓고 췄다. 머리 모양도 한영숙은 쪽진머리, 강선영은 올린머리에 수식이 있었다. 춤사위도 한영숙의 춤에서는 현란한 발디딤이 빼어났고, 강선영의 춤에서는 디딤새와 함께 팔사위가 화려하다. 이것은 왕과 왕비를 추었다는 두 사람의 배움이 달라서일 수도 있고, 일생 걸어온 춤의 세계 그 개성의 차이일 수도 있다. 한영숙이 한성준의 손녀이고 전통적인 춤의 계승에서 뚜렷한 후계로 일찍부터 인정받고 두 종목의 예능보유자가 된 것에 비해, 강선영은 같은 스승에게 배웠어도 일찍부터 창작무용 세계에 접해 전승의 의미에서 외면되었던 것이다.

그는 1925년 12월 25일(음력), 경기도 안성군安城郡 양성면陽城面 명목리名木里에서 태어났다. 그가 한성준 문하에 들어간 것은 열세 살 때, 어머니의 손을 잡고 집안끼리 친분이 있는 한성준을 찾아간 것이다.

당시 한성준 문하에는 많은 제자들이 있었지만, 그는 기억에 남는 선배로 이강선李綱善을 꼽고 장홍심張紅心도 얘기한다. 한영숙과는 언니 동생하며 자란 가까운 선후배 사이다. 보통학교를 다녀 일어日語도 알고 총기가 있어 스승의 심부름을 많이 했다는 그는, 한성준 문하에서 일찍부터 창작의 길을 열었다.

　　스승의 춤을 춘 것은 수업 직후부터였고 열다섯 살에는 일본 공연에도 따라가는 정도였지만, 그의 창작도 상당히 빨랐다. 스승의 지시에 따라 열여덟 살 때 동양극장에서 공연된 창극「삼국지」의 안무를 한 것이다. 신식무용교육과 연줄이 닿지 않은 무용가로서 그처럼 창작무용무대를 넓게 연 사람은 아마 없을 것이다.

　　그는 6.25 직후 서울에 무용학원을 낸 후 현재까지 연구소를 계속해 왔고, 1960년 이후 국가적이거나 개인무용단 차원으로 수많은 해외공연을 가졌으며, 1964년 이후「초혼招魂」「모란의 정」「십이무녀도十二巫女圖」「수로부인首露夫人」「원효대사元曉大使」「황진이黃眞伊」등 대작 무용무대를 만들었다. 이러한 창작 무용무대의 왕성한 활동은 그가 배워 이어받은 전통의 맥이 얼마나 단단한 뿌리를 지니고 있는지를 간과해 버리기 쉽게 만들었는지 모른다.

　　그는 한성준 문하에서 배운 춤으로 승무僧舞, 태평무, 학춤, 신선무神仙舞, 한량무閑良舞, 검무劍舞, 장군무將軍舞 등을 꼽는다. 이런 춤들은 그의 창작의 바탕이고 뿌리가 되었다. 태평무는 이런 춤들 중에서 그가 가장 많이 혼자서 추어 온 춤이다. 그의 교과목이었던 모든 춤들은 그의 창작 속에 활용되어 그 모습이 드러나지 않았지만, 태평무만은 그대로 이어져서 자신의 이름과 함께 지켜 온 것이다.

　　그는 창작 무용무대뿐만 아니라 무용지도자로서 국립무용단 안무, 출연, 강선영 무용단의 운영을 성공적으로 이끌어 왔고, 무용행정가로서 한국 무용협회 이사장직을 역임했으며, 현재는 한국예술문화단체 총연합회 회장 겸 국회의원으로 정치일선에도 뛰어들고 있다.

이런 많은 무대, 다양한 활동으로 춤에서 뻗은 성공을 누리면서도 그는
태평무만은 '내가 받은 내 춤'이라는 자랑으로 놓지 않고 지켜 온 것이다.

그의 오늘은 전통예술의 맥을 이어받은 많은 예인들과 마찬가지로 집념과 노력,
우리 춤에 대한 신념으로 살아온 어려움을 겪고 얻어진 것이다.

그는 고생스럽던 지난날을 얘기할 때면 언제나 일제말 정신대에 끌려가지 않기
위해서 희극배우 신불출단체에 들어가 만주로 위문공연을 다니던 얘기가 나온다.
스물두 살 때 한산 이씨 집안으로 시집가서 시집살이하다가 뛰쳐나와 서울에
무용학원을 냈던 일, 시어머니가 올라와 연구소에 늘어선 북과 장구를 보고
혼절하시던 일, 발표회 때마다 빚을 지고 어려움을 겪던 일 등을 회고한다.

1965년 「초혼」으로 12회 아시아영화제에서 무용특별상과 서울시 문화상을 받고,
1973년 국민훈장 목련장을, 1976년 대한민국 문화예술상을 받은 것은 그런 고생
속에서 얻은 영광이다.

이제 그의 제자로는 이현자李賢子, 김근희金槿姬, 이명자李明子, 채상묵蔡相默,
심가영沈佳英, 심가희沈佳姬, 양성옥梁成玉, 김나영, 고선자, 최윤정, 김경희,
이춘자李春子 등이 쟁쟁하게 버티고 서 있다.

태평무의 문화재 지정 후 그는 경기 무속장단의 달인들이 한 사람 두 사람씩
별세해 맥이 끊겨 가는 것을 안타까워하면서, 지영희池英熙 선생의 가르침으로
새롭게 장단을 익힌 김덕수패 사물놀이가 있음을 다행으로 생각한다. 스승의
소원대로 태평무 복식도 좀더 근세조선 궁중의상에 다가서야 한다는 원칙으로
연구를 계속하고 있다.

이제 그의 창작무대는 멈췄고 그의 활동무대는 춤의 무대를 훨씬 벗어나
있지만, 태평무의 인간문화재라는 자랑으로 지켜지는 그의 태평무 한판은
싱싱하다. 얼굴도 늙지 않고 마음도 늙지 않은 그의 태평무는 고운 자태, 화려한
너름새로 무대를 휩쓸고 있는 것이다.

연보

1925   3월 30일 경기도 안성군 양선면 농가에서 부친 강병학과 모친 박춘매의
삼녀 중 막내로 태어났다.

1937-1940   한성준 선생의 문하생으로 들어가 열다섯 살 때 한성준
고전음악연구소에 정식으로 입소하여 무용공부에 열중했다.

1943   부민관에서 가진 한성준 무용발표회에서 태평무, 승무, 살풀이, 학춤,
초립동 등에 출연했다. 같은 해 한성준의 추천으로 동양극장에서 공연하는
「흥보전」의 안무를 했고, 성악연구회 명창들이 공연하는「삼국지」
「춘향전」등의 작품을 안무했다.

1944   한성준 문하생 전원과 함께 일본과 만주 등지로 공연을 다녔다.

1945   결혼하여 한 가정의 아내요 엄마로서 시집살이를 하며 광복과 6.25를
겪었다.

1951   5월, 다시 서울로 올라와서 강선영 고전무용연구원이란 간판을 걸고
문하생을 모집했다.

1953   무용연구소를 운영하면서 문하생들과 함께 서울시공관에서「태평무」로
무용발표회를 가졌다.

1960   한국 무용인으로서는 최초로 파리에서 개최된 세계민속예술제에
        참가했으며, 돌아오는 길에 스위스에 들러 공연하기도 했다.

1962   일본순회공연을 했고, 11월에는 동남아 무용제에 참가하기도 했다.

1963   서라벌 예술대학 무용과 강사로 후배 양성에 전념했으며, 11월에는
        오사카에 강선영 고전무용연구소를 개설하여 교포들에게 한국의 민속춤을
        가르치기도 했다.

1965   서울시 문화상(무용부문)을 수상했으며, 5월에는 제12회 영화제에 무용극
        「초혼」을 출품, 문화영화 작품상을 수상했다.

1966   강선영 고전무용연구소를 도쿄에 개설하고 나고야와 교토에 있는 한국인
        학교에 출강, 한국 춤을 가르쳤다.

1968-1969   국립무용단 정기공연으로 「초혼」과 「모란정」을 발표하고,
        「수로부인」으로 신작무용 발표회를 가졌다.

1970-1971   국립무용단 단장에 취임하고 일본 공연을 가졌다.

1973   국민훈장 목련장을 받았다.

1974-1976   국립무용단 정기공연에 「태평무」「이조여인상」「원효대사」등을
        구성, 안무, 출연했으며, 1976년 10월에는 대한민국 문화예술상 연예
        부문(무용)을 수상했다.

1977-1984   강선영 무용단을 이끌고 일본과 호주, 유럽 및 미국 등지에서 다수의
        해외공연을 했다.

1985   사단법인 한국무용협회 이사장에 선임되었다.

1987   사단법인 한국예술문화단체 총연합회 부회장에 선임되었다.

1988   사단법인 한국무용협회 이사장에 재선임되었다. 그해 3월부터
          6월까지 한국예술문화단체 총연합회 회장 직무대행을 역임했다.
          12월에는 중요 무형문화재 제92호 태평무의 예능보유자로
          지정되었으며, 강선영 무용단을 인솔하고 일본과 유럽에서 많은
          해외공연을 가졌다.

1989   한국국제문화협회 파견으로 국제민속예술제에 강선영 무용단을 인솔,
          참가했고, 이태리, 몰타, 포르투갈, 폴란드, 영국, 벨지움 등 6개국을
          순회공연했으며, 폴란드 대통령 바웬사로부터 특별상을 받았다.

1990   사단법인 한국예술문화단체 총연합회 제19대 회장에 당선되었다.
          '93 대전엑스포 박람회 문화자문위원회 위원장에 선임되었다.

1991   단국대학교 경영대학원 예술경영과를 수료했고, 12월 한국문화예술진흥원
          지원으로 예총이 후원하고 한국무용협회 주최로 열린 중국 조선족
          무용세미나에 참가했다.

1992   제14대 전국구 국회의원으로 당선되었으며, 현재 한국예술문화단체
          총연합회 회장으로 활동하고 있다.

     •이 글은 강선영 선생이 작성한 것이다.

Elegant Movements in a Queen's Robe
The Dance of Peace by Kang Sŏn-yŏng

Kang Sŏn-yŏng (1925 –   ) learned *The Dance of Peace* (T'aep'yŏngmu) from Han Sŏng-jun, a famed progenitor of modern Korean folk dance. Han choreographed this brilliant piece by using the traditional shaman music of Kyŏnggi Province, especially its capricious gong piece.

The dance resembles an extremely stylized piece with a similar title which was contained in the royal consecration ceremonies of the Chosŏn dynasty in its basic meaning of praying for peace and prosperity of the nation. But it differs remarkably from the ancient court dance in various respects, including tempo, movement and costume.

The dancer wears a queen's ceremonial robe, but she moves mostly in fast tempo, far-fetched from the slow and dignified motions usually expected from ancient Korean royalty. Particularly, dexterous movements of the feet is among the most attractive elements of the dance. It was designated Intangible Cultural Property No. 98 in 1988.

—Translated by Lee Kyŏng-hee

태평무의 복식은 엇박으로 맞물리는 장단이나
그 장단 사이로 디뎌가는 디딤새가 지닌 멋만큼
여유있고 화사하다. 머리는 궁중에서도 한때는
금지했을 만큼 화려하고 수식이 많은 큰머리이고,
겉옷은 왕비의 예복과 궁중 여령女伶들의 무복을
합쳐 만든 옷이다. 조선조 왕비의 예복을 중심으로
현재 복식의 정리 발전을 모색중이다.

겉옷을 벗으면 왕비의 평상복인 당의 차림이 된다.
춤사위는 더욱 활발해지고, 춤꾼의 맵시는 더욱 드러난다.

시원하게, 훨씬 큼직하게 들어올린 팔의 너울거림은 자유롭다.
장단과 함께 둥둥 떠다니는 듯 흥이 몸에 실린다.

팔에서 흘러내린 장단은 손끝에서 여물어 터져나온다.

너울거리는 팔장단을 놀리던 손이 어느새
치맛자락을 거머쥐면서 전신으로 흥이 터진다.

날렵하게 치맛자락을 걷어쥐면 장단의 중심이 발로 몰리고,
발디딤은 박과 박 사이를 넘나들며 화려하게 놀기 시작한다.
태평무의 독특한 발디딤이 이제 바야흐로 시작되는 것이다.

휘몰아치는 장단과 휘몰아치는 춤사위.

파도처럼 넘실대고

꽃처럼 피어나다가

천천히 잦아드는 장단에 기운을 가라앉히며

정중하게 매무새를 가다듬는다.